이범찬 시조집

잃어버린 노래들

마을

빛나는 시정신을 꼼꼼하게 엮어내는 — 마음

· 호 해암(海巖), 송암(松巖)
· 경기 여주 태생
· 서울대학교 법과대학 및 동 대학원 졸업
· 성균관대학교, 나고야경제대학(일본) 명예교수
· 『수필문학』(수필)『문학시대』(시)로 등단
· 수필문학추천작가회, 문학시대인회 회원
· 한국문인협회, 국제PEN한국본부 회원
· 원종린문학상(작품상) 수상
· 월산문학상, 수필문학상, PEN문학상 수상

잃어버린 노래들

이범찬 시조집

1판 1쇄 인쇄/ 2024년 4월 1일
1판 1쇄 발행/ 2024년 4월 5일

지은이 / 이범찬
펴낸이 / 우희정
펴낸곳 / 도서출판 마음

등록 ‖ 1993년 5월 15일 제3001-1993-151호
주소 03073 서울 종로구 성균관로5길 39-16
전화 ‖ (02) 765-5663, 010-4265-5663

값 13,000 원

*잘못된 책은 바꿔 드립니다.

ISBN 978-89-8387-364-4   03810

푸른 시와 시인

잃어버린 노래들

이범찬 시조집

마을

시인의 말

  산고 끝에 낳은 아이가 호적에도 오르지 못하면 게으른 부모의 탓이요 책임이다. 그동안 애써 창작한 시조들이 수필의 나무 그늘에 방치되어 왔는데, 더 늦출 수가 없겠다 싶어 햇볕 아래 내놓고 가려 한다.

  1부, 2부, 3부에는 시집에 올려 공개하지 못 한 노래들을 모두 찾아 실었고, 4부에는 『설죽(雪竹) 따라』 발행 이후 문학 활동으로 얽어진 사연들을, 5부에는 최근의 신작 시조를 실었다.

  여러 모로 격려와 도움을 주신 '마을'의 식구들에게 깊은 감사의 뜻을 올린다.

2024년 봄에

이 범 찬

· 시인의 말

1. 낯선 땅을 찾아

낯선 곳으로 ─ · 12
비운의 낙화암 ─ · 13
두고 온 오솔길 ─ · 14
하와이 섬에서 ─ · 15
백두대간으로 ─ · 16
사인암 ─ · 17
해탈의 꿈 ─ · 18
뉴질랜드의 풀밭 ─ · 19
임포마을의 향일암 ─ · 20
풀바리 별장 ─ · 21
여유로운 풀밭 ─ · 22
양털 깎기 ─ · 23
쿡 능선 바라보며 ─ · 24
뉴질랜드에서 ─ · 25
가시덤불 길 ─ · 26
그대 가시는 길 ─ · 27

2. 마음을 가다듬고

당당한 서백(書伯) — · 30
용문의 은행나무 — · 31
정년의 노래 — · 32
태석 할아버지의 노을 녘 — · 33
마음 비우며 — · 34
약해지지 마 — · 35
한글의 독창성 — · 36
백비(白碑) 앞에서 — · 37
『노을녘을 달구며』의 서시 — · 38
자연의 품으로 — · 39
전원의 꿈 — · 40
닭볶음탕 — · 41
풍란을 붙이며 — · 42
화초의 위령비 — · 43
자랑스러운 한글 — · 44
해암의 유수육덕가 — · 45
흐르는 물같이 — · 47

3. 다시 출발하여

권학문 — · 50
대홍포 바라보며 — · 51
노천극장에서 — · 52
일선천 — · 53
천유봉까지 — · 54
향적봉으로 — · 55
산천재 뜰에서 — · 56
시드니의 한류문화 — · 57
몽촌 토성에서 · 1 — · 58
몽촌 토성에서 · 2 — · 59
장닭의 호소 — · 60
미니출판기념회 — · 61
일서오조   · 62
자랑스러운 군인 — · 63
송천의 산수전 — · 64
문인화의 꿈 — · 65
붓을 잡으며 — · 66
쫑파티 — · 67
어느 기념전에서 — · 68
말죽거리 — · 69
남산 둘레길 — · 70
만남의 자리 — · 71

4. 인연의 메아리

아흔의 시인에게 올림 ― · 74
선일당의 축포 ― · 75
서화잔치 ― · 76
빛나는 세밑에 ― · 77
동방의 큰 별 ― · 78
땅고춤에 반해서 ― · 79
노옹의 외침 ― · 80
고마운 님 ― · 81
크나큰 발자국 ― · 82
송운(松雲)의 『묻어둔 이야기』 ― · 83
화려한 앨범 ― · 84
하리댁이 잘 모시니 ― · 85
합동 책 잔치 ― · 86
미리 보낸 축하 인사 ― · 87
상남 시인의 미수잔치 ― · 88
산 사나이 ― · 89
나눔의 전도사 ― · 90
만년 청년 학자 ― · 91
축시 ― · 92
이어령의 고종명(考終命) ― · 93
『노을의 향연』을 드리며 ― · 94

5. 망백의 언덕길에

망백의 황혼 길에 ― · 96
고마운 약손 ― · 97
눈을 감으면 ― · 98
아름다운 무궁화 ― · 99
무궁화 예찬 ― · 100
그녀의 걸음걸이 ― · 101
추억의 메아리 ― · 102
모노레일 타고 ― · 103
놀라운 발자취 ― · 104
놀라운 열정 ― · 105
태산 같은 흔적들 ― · 106
해안찬가 ― · 107
영락재의 꿈 ― · 108
상을 받으며 ― · 109
문단의 보석 ― · 110
새해가 밝았네 ― · 111
『설죽 따라』 드리며 ― · 112
부지런한 그 사람 ― · 113
소방 영웅 ― · 114
남산 둘레길 산행 ― · 115

만인의 연인 ―·116
만인의 청량제 ―·117
영광의 혁대 ―·118
화사한 청매화 ―·119
영정 사진 걸어 놓고 ―·120
참전 용사의 모습 ―·121
매화 삼 덕 ―·122
종중 모임 ―·123
갑진년 시산제 ―·124
큰 상의 꿈 ―·125
제32회 자랑스러운 서울법대인 ―·126

1.
낯선 땅을 찾아

낯선 곳으로

산 넘고 물 건너며 홀로 걷던 나그네길
검붉은 서녘 하늘 갈 길은 구만리라
돌아설 고향이 있어 발걸음은 가벼워

비운의 낙화암

백마강 굽이돌아
절벽은 천야만야
찬 서리 치마폭에
사비 꿈은 휘날려
언제나 다시 뵈올까 애달픈 임의 넋은

두고 온 오솔길

장안사 앞 샘물 모여 두타사 찾아드니
폭포는 웅덩이로 어둠의 반백년을
열목어 제 세상 만나 옥수에 넘쳐나네

비로봉 빨간 잎은 소리 없이 재를 넘고
골짝의 색동치마 녹슨 철망 휘감아서
두타소 찾는 이마다 큰 꿈 안고 돌아서네

하와이 섬에서

바다에 솟구친 곳 불덩이 뿜어내고
검게 굳은 들판엔 온갖 형상 놀랍거니
파도는 밤낮도 없어 절벽만 치고 도네

깊은 골 짙은 숲에 빨강 노랑 수를 놓고
삼천 척 물기둥은 지축을 흔들거니
산새들 외로워 우나 내 가슴도 젖었네

백두대간으로

바다가 산에 잠겨
골짝마다 구슬 물결
비봉의 꼭대기엔
솟대 꿈도 드높아
철마가
오르내리는
새 세상 돋보이네

사인암

바위에 뿌리박고 모진 풍상 겪어내니
뒤틀려 굵어지고 두루뭉술 굽어져
흰 머리 주름 깊은들 저쯤이면 어떠리

해탈의 꿈

병든 몸 우글대던 죽음의 땅 시코쿠(四國)
삿갓에 흰 등거리 지팡이도 거머쥐고
땀으로 속을 씻으니 발걸음도 가볍네

여든여덟 절집으로 이어진 그 수만 리
오솔길 숨 가빠도 기 살리는 선행 접대
모두들 환생을 했나 해탈 꿈 엮어주네

뉴질랜드의 풀밭

남천강 절벽 위로 덩그런 마룻방 집
능파당 침류각을 양쪽에 펼쳐놓고
풍월을 읊는 선비들 교남땅에 으뜸이라

대들보 구석구석 시와 문장 가득 달려
스치는 바람결에 풍정이 흩날리니
풍상에 쌓인 정한을 뉘라서 잊을 건가

앞뜰의 천진궁에 여러 조상 모셔놓고
강가의 아랑각엔 예쁜 아씨 잠재우니
아리랑 가락을 따라 내 마음도 달뜨네

임포마을의 향일암

금오산 절벽 위에 위아래로 관음전
검은 바다 내려보며 불덩이 보듬으니
온종일 관세음보살 큰 골짝을 일구네

수백의 거북이가 난간에 가득 앉아
지는 꽃봉 아쉬워 긴 한숨 토해내며
밤마다 애를 태우니 환궁의 꿈 어쩌리

바윗돌 비집고 선 허허로운 틈새암자
큰스님 마음 비운 좌선대 탄탄하니
천년도 깜작할 사이 해탈의 길 환하네

풀바리 별장

골짝으로 기어들면 아늑한 풀바리 뜰
큰 상 받은 안채는 비알에 상큼하고
사랑채 멋을 돋구어 흥타령 절로 솟네

고목 박힌 묵은 터에 노송들 덧세우고
황금송어 꼬리춤에 버들벚꽃 물결쳐
고봉산 깊은 물골이 선경인가 하노라

여유로운 풀밭

풀밭을 내려서니
집들은 숲에 묻혀
제멋에 사는 짐승
사람들과 한식구라

모두가 속을 비웠나 한없이 여유롭다

양털 깎기

굼실대던 양떼가
개 쫓아 몰려오고
손 따라 고분고분
잠깐 사이 발가벗어
마음이
가난한 자는
너뿐인가 하노라

쿡 능선 바라보며

쿡* 능선 비켜놓고 달려온 호숫가로
아름다운 여왕거리 놀이판도 가득해
도원이 아닌가 하여 모두들 모여드네

*쿡: 뉴질랜드 남섬의 높은 산(Mt. Cook)

뉴질랜드에서

바닷길 이삼십 리
절벽을 에워싸고
중턱에 걸친 안개
폭포까지 부셔대니

옛적의 싸움터인들 이보다 장엄하랴

가시덤불 길

궂은 날 가시덤불 숨차게 달렸거니
돌더미 끝이 없고 헤치기 힘겨워도

이웃의
눈길 받으면
앞길마저 훤하네

그대 가시는 길

검어서 쓰다듬고 희어도 안아주니
먹구름 걷힌 들엔 마파람 싱그럽고
따스움 고루 번져서 시름까지 녹이네

샛별은 사라지고 울음마저 몸부림쳐
용서의 큰 외침은 가슴마다 메아리라
높은 뜻 깊게 새기니 웃음으로 돌보소

2.
마음을 가다듬고

당당한 서백(書伯)

한 해도 거름 없는 마흔 번의 글씨 잔치
거목들 길러내고 품격마저 드높여도
선비는 물리려 하나 뒤따를 이 없겠다

백두대간 구석마다 솟구친 돌기둥에
글자 새겨 엉긴 땀 가슴까지 적셔내니
그 솜씨 익힐 길 없어 뉘라서 흉내 내랴

용문의 은행나무

거친 풍상 겪어 와도
늠름하고 고우니
백두대간 지켜낸 품
그 모습 신비로워

태자의 아린 가슴이 노랗게 물들었네

정년의 노래

안암골 큰 호랑이 어느새 정년인가
이 땅 저 땅 넘나들며 큰 공적 일궈놓고
노을녘 빛나는 자태 한결 더 아름답네

후학들 정성 모아 큰 책을 바치나니
선비의 발자국이 하늘에 돋보이고
꿈 많은 임의 앞길에 밝은 빛 보태지네

태석 할아버지의 노을 녘

한생을 봉사하고 문필로 불태우니
약관인 듯 꼿꼿한 노을을 날로 달궈

손자 놈
성혼까지야
구구 팔팔 하리라

마음 비우며

땀방울 훑어내며
긁어모은 잡동사니
비워야 가볍건만
욕심은 가슴 그득

아무리 털고 버려도 등짐은 천근이네

약해지지 마

가는 길 힘들어도 노을은 아름답다
몇 마디 콧노래가 마을마다 울려 퍼져

오늘도
약해지지 마
내 가슴을 달구네

한글의 독창성

수천 년 묵은 글자 쌓여온 틀도 많고
붓 끝에 엉긴 먹물 번질까 두려워서
내 이름 석 자 굵기를 그렇게도 겁을 냈나

새로운 스물넉 자 예쁘고 쓰기 쉬워
세상을 밝히려고 곳곳에 퍼져가니
누구나 좋아라 하며 웃음꽃을 피우네

백비(白碑) 앞에서

벼슬의 한평생에 집 한 칸 못 남기고
마음마저 비우면 명예인들 소용없어
산천이 다 내 것인데 부러울 게 있으랴

임금의 깊은 속내 흰 돌에 배었거니
세상이 다 아는 일 글자 없다 못 읽을까
올곧은 선비의 기품 온 세상을 밝히네

『노을녘을 달구며』의 서시

팔십이란 고개턱에 다가와 섰으려니
해는 벌써 서산 넘어 노을로 붉혀대고
갈 길은 아직도 먼데 참으로 숨 가쁘네

내 고장 안팎으로 여기저기 찾아나서
낯선 풍광 멋진 들녘 가슴에 담으려니
이 벅참 뉘라 감동을 아니 할 수 있으랴

눈 비벼 삼성 깨워 밤낮으로 뛰 딜리며
노랫가락 모아서 흡족할 순 없어도
따가운 햇볕 그리워 세상에 펴 놓으리

앞뒤는 캄캄하고 길은 험해 힘 부쳐도
웬만큼 부추기며 덧 기름 부어주니
고마운 분들의 열정 따를 길이 없어라

자연의 품으로

황톳길 아늑하고 푸른 잎 싱그러워
마파람 살랑살랑 시름들 흩날리니
엉성한 농막 삼간이 대궐인 양 시원해

전원의 꿈

돌아온 '여내울'의 으늑한 그 황토 내
가신 어른 그 숨결 풀잎마다 풍겨나
그리움 가눌 길 없어 마파람에 띄우네

참나무 섰던 자리 푸른 동산 일구고
복사꽃 타오르게 날것들 모여드니
한가슴 꿈에 부풀어 드높게 솟구치네

닭볶음탕

목 비틀어 털 뽑고 끓여낸 닭볶음탕
입맛 당겨 모두들 휘저으며 고르건만
애절한 눈빛 때문에 먹을 수가 없다네

한 마리 버러지도 죽이지 말란다고
채소며 짐승까지 먹거리로 삼았거늘
목숨이 귀하다 한들 아니 먹고 어쩌리

풍란을 붙이며

돌 벽에 달라붙어 힘차던 뿌리들도
떠돌이 이사 통에 역겨워 지쳤든가
초록 잎 시들어가니 내 마음이 타드네

마른 잎 붙은 자리 둥지를 틀어놓고
환생한 독수리로 난향을 풍기려니
죽은 돌 생기를 찾아 모두 함께 즐기리

화초의 위령비

내 것 네 것 할 것 없이 목숨이란 귀한 데
말 못하는 꽃나무라 죽어도 좋다 할까
나 혼자 잘 살겠다고 모진 생각 하다니

부질없는 노릇에 어설픈 짓 저질러서
고운 꽃 떨어지며 열매마저 사라졌나
그 원한 씻어버리고 생기나 찾아주자

문명을 누린다며 자연을 들볶다니
빠르고 편리함이 느긋함만 못한 것을
하늘의 순리를 따라 다 함께 살아야지

자랑스러운 한글

한글 덕에 감투 쓰고 일본 학생 기죽여
자음 모음 스물넉 자 배우려 들끓으니
고맙다 준비된 문자 온 세상을 밝히네

한글도 생물이라 세월 따라 변하건만
편하고 아름답게 임의 뜻 살리려니
아쉽다 야릇한 글귀 세상을 끌어갈지

해암의 유수육덕가

1곡 서곡
온갖 잡것 고루 품고 구정물 걸러내어
산 것에 생기 주고 거친돌 다듬으며
낮은 곳 찾아 흐르니 큰 물골 이루누나

2곡 인내(忍耐)
가녀린 모습으로 몸 던지는 물방울
말 잃고 힘들어도 바위를 뚫는구나
참으며 멈춤 없으니 못할 바가 없어라

3곡 대의(大義)
방울방울 모인 물 골짝으로 흘러들고
물줄기 가늘어도 뭉치고 모아놓아
깊은 뜻 변함이 없어 큰 바다 이루누나

4곡 융통성(融通性)

고여서 넘쳐나도 그 마음 부드러워
네모진 상자이건 둥그런 항아리든
어디고 내 집 같으니 머물 곳 걱정 없네

5곡 포용력(包容力)

옹달샘 맑은 물도 가는 길은 험난하니
흙탕물을 만나도 꺼림 없이 섞어가며
온갖 것 고루 품어서 분별할 줄 몰라라

6곡 지혜(智慧)

벽 만나면 넘치고 막는 바위 멀리 돌며
틈새 찾아 빠져가니 거름 없이 흐르지
힘으로 막으려 해도 피해가는 그 슬기

7곡 겸손(謙遜)

하늘 높이 노닐다가 땅으로 내려오고
깊은 골짝 찾아서 아래로만 흐르거니
세상에 공 세웠다고 자랑할 줄 모르네

흐르는 물같이

하늘 높이 떠돌다가 땅으로 내려오고
높은 산 깊은 골짝 몸 낮춰 흐르지만
만물을 이롭게 한 공 다툴 줄을 몰라라

3.
다시 출발하여

권학문

스승 중 으뜸(萬世宗師)이라
제자들 모여들고
우주 원리 세상 이치
써내고 가르치니

뉘라서 그 깊은 철학 거스를 수 있으랴

대홍포 바라보며

절벽에 뿌리박고 이슬 받아 수백 년
그 모수(母樹) 바라보며 차향에 취하려니
신선이 따로 있으랴 온갖 시름 날리리

노천극장에서

구곡계(九曲溪) 다스리는 대왕봉이 늠름해도
오뚝한 옥녀봉은 머리에 숲을 이고
멀리서 바라다보니 그 정을 풀길 없네

그 큰 봉 앞마당에 관객을 모아놓고
정성껏 선약(仙藥) 빚는 이백여의 남녀들
손님을 자리 채 돌린 인상 깊은 대홍포

일선천

돌산을 갈랐거니 어느 장사 칼질인가
좁은 틈 쳐다보면 하늘마저 외줄이니
살 빼고 마음 비우라 골바람 속삭이네

천유봉까지

까마아득 계단길 엉기며 올라가니
옹기종기 봉우리들 굽이도는 푸른 물
신선들 구름을 펴고 하늘에서 논다네

향적봉으로

향적봉 바윗덩이 구르고 깎여내려
쌓인 골짝 굽이굽이 솟구치고 휘돌아
구천동 시린 물길은 그칠 줄을 몰라라

붉은 햇볕 따가워도 어둔 숲길 칠십 리
천년 살이 고목들은 짙푸른 차일인가
백련사 오르는 길목 온갖 시름 날리네

산천재 뜰에서

산천재 앞뜰에는
굽어진 매화 둥치
성성자 경의검 찬
그 임은 말이 없어

정상배 들끓는 세상 선비는 언제 올꼬

시드니의 한류문화

머나먼 남녘 나라 캥거루 뛰노는 곳
구름 따라 뿌리내린 배달의 씨 엉겨서
꿈엔들 잊을까보냐 얼이 박힌 한글을

메마른 데 꽂아 놓은 그루 꽃 무궁화가
여덟 개째 실한 가지 활짝 웃는 꽃봉들
그 향기 하늘을 찔러 천년만년 번지리

몽촌 토성에서 · 1

높이 솟은 평화의 문 펄럭이는 만국기
팔팔 년 잠실벌에 힘과 마음 어우러져
온 겨레 하나 된 꿈이 새 역사를 펼쳤네

몽촌 토성에서 · 2

숲속에 모셔놓은 꿈말* 토성 아늑하고
둘러싼 호수 물엔 노랑꽃 잠을 깨니
엉기는 백제의 얼은 온 누리에 빛나리

*곰말에서 꿈말로 된 몽촌(夢村)

장닭의 호소

홀아비 된 장닭은
목 놓아 울어대고
햇볕은 소리 없이
텃밭을 달구는데

처절한
저 매미소리
내 가슴을 태우네

미니출판기념회

'어차피 가는 길' 스스로 즐기려고
다섯 식솔 둘러 앉아 손에 손을 잡으니
노을이 무척 서늘해 온갖 시름 날리네

푸짐한 잔칫상에 붉은 장미 한 송이
떡판에 꽂은 촛불 가슴을 다 녹이니
이 밤에 넘치는 정은 가을 녘을 달구네

일석오조

한가위 풍성해도 긴 연휴가 지루한지
버섯 들고 쳐들어가 깜짝 쇼 벌였더니
불청객 크게도 반겨 깊은 정 솟구치네

자랑스러운 군인

두리봉 기슭에는 아늑한 보금자리
줄지은 비석마다 이슬은 차갑건만
전우의 끓다만 피는 잔디밭을 녹이네

내 나라 내 형제들 지키려 나선 그대
젊음도 불사르고 평생을 바쳤으니
거룩타 호국의 충정 자랑이 아니더냐

송천의 산수전

도끼 갈듯 여든 해를 지켜온 선비로
써버린 지필묵이 큰 산을 이뤘거니
뉘라서 감히 따르랴 험궂은 먹물 길을

구봉루(九峰樓) 들어박혀 써내려간 '조국강산'
신토불이(身土不二) 휘갈기며 울부짖은 묵객은
기백도 하늘을 찔러 새 자취를 새기네

문인화의 꿈

날렵한 난의 잎은 봄볕에 나부낄 듯
명품 붓 잡는다고 그 흉내 낼 수 있나

향기도 뿜어내려면 추위를 겪던 것을

붓을 잡으며

사군자 손대려면 글씨부터 익혀야지
글 못 쓰는 선비가 그림부터 탐내다니

마음을
비울 길 없어
붓끝만 떨어대네

쫑파티

글씨를 매어달고 마무리는 뒤풀이로
선후배 한 자리에 숨은 사연 쏟아내니
힘겨운 먹물 시름이 기쁨일 줄 몰랐네

번지는 검정 꽃은 갈수록 향도 깊어
내 마음 흐뭇하고 이웃까지 즐겁거니
풍성한 잔치 상마다 큰 꿈이 익어가네

어느 기념전에서*

너른 벽에 돋보이는 진흥태왕순수비
획마다 다른 모습 어리숙해 멋지거니
판전이 환생을 했나 옛 임이 놀라겠네

글 쓰네 글씨 씁네 수선만 떨고 마나
늦깎이 글쟁이질 풋내기 먹물놀이
세월아 쉬었다 가렴 숨 가쁘니 어쩌랴

*제2회 한국서예평적 발간 기념전

말죽거리

반백 년 전 찾아온 들판 속의 말죽거리
한양 찾는 길손들 하룻밤 묵어간 곳
강산도 변한다지만 상상인들 했으랴

배산임수 명당자리 꽃 대궐 차린 동네
철길 큰길 가로질러 아름답고 편안해
봄꽃들 황홀도 하여 떠날 수가 없노라

남산 둘레길

목멱산 가로질러 불타오른 둘레길
실개천 졸졸대며 옛이야기 그침 없어
아가는 엄마손 잡고 푸른 꿈을 키우네

만남의 자리

여주농고 일회모임 모교 찾은 다섯 명
홍안 소년 백발 되어 돌아온 자영농고
뉘라서 세월의 무게 거역할 수 있으랴

선후배 한 자리에 옛 추억 되살리고
속내를 털어놓고 공부도 함께하면
정겨운 소통의 자리 세상을 밝혀주리

*70년 만의 모교방문

4.
인연의 메아리

아흔의 시인에게 올림
- 정위진 선생께

미수에 여덟 번째 2악장(二樂章)의 그 메아리
답례라며 보내주신 뜨거운 그 열정은
젊어도 흉내 내기에 숨 막힐 지경이죠

반가워 펼쳐드니 행간마다 물너울
미수판 내 얼굴을 한 번 더 보내려면
마음을 다시 달래며 신발 끈 조여야죠

선일당의 축포

노을녘 짙어가서 발걸음 조급한데
찬 서리 가시덤불 힘 겨울까 했으나
다시 쏜 '눈꽃미사포'* 세상을 밝히더이

*눈꽃미사포: 선일당(善溢堂) 경규희 선생의 시조선집

서화잔치
– 모인당(慕仁堂) 이재심(李戴心)의 개인전에 부쳐

먹물 놀음 사십 년에 처음 차린 큰 잔치
사임당과 모인당 어디인가 닮았거니
장하다 불타는 열정 내 마음을 달구네

온갖 모양 글씨들 날렵하고 듬직해
홍매화 모셔오면 고향집도 그립거니
풍기는 그윽한 향에 묵은 시름 잊으리

빛나는 세밑에
- 한국문학백년상

토끼해 쌓은 덕이 흑룡 만나 솟구치나
새 살림 날로 성해 이웃마저 즐겁거니
그 명성 누리에 퍼져 원 없이 뻗어가리

오십 돌의 선비모임 큰 상* 받은 하리댁
공든 탑 돋보이듯 칭송이 자자하니
그 빛깔 하늘에 닿아 만세에 빛나소서

*한국문인협회 창립 50주년 기념 한국문학백년상

동방의 큰 별
- 김두환의 '세계공적상* 수상에 부쳐

학지들* 날로 줄고 거동조차 힘겨워도
팔팔한 홍안 청년 밤낮도 가림 없이
그 열정 날로 더하니 뉘라서 따를 손가

동문회 끌어가며 지구촌 넘나들어
하늘의 비밀 캐고 새살림 마련하니
장하다 동방의 횃불 온 누리를 달구네

*학지: 서울대 법대 11회 동문의 별칭(鶴志)
*세계공적상: 2020년 인도 켈카타에서 '인도동양유산학회(Indian Institute of Oriental Heritage)'가 주최하는 '제 43회 동양유산국제대회'에서 국제항공우주법 분야의 업적을 기려 수여하는 상(Global Achievers Award)

땅고춤에 반해서
- '라일라(구혜정)'의 모교 70회 생일잔치 출연에 부쳐

우리 춤에 서양 땅고 그 재능도 놀랍고
세월 잊고 불태우니 그 열정 한량없어
뉘라서 그 몸놀림에 찬탄하지 않으랴

고희 넘긴 땅게라* 잔치판에 뛰어올라
날렵한 밀롱가*에 발걸음도 가볍거니
그 맵시 하 아름다워 몸 둘 바를 몰라라

*땅게라: 땅고(탱고)를 추는 여자의 통칭
*밀롱가: 땅고의 한 종류

노옹의 외침
- 『필묵도정*』 출간에 부쳐

도끼 갈듯 팔십 년을 지켜온 곧은 선비
써버린 지필묵이 큰 산을 이뤘거니
뉘라서 감히 오르랴 험궂은 저 먹물 길

구봉루(九峰樓) 틀어박혀 써내려간 '조국강산'
신토불이(身土不二) 휘갈기며 울부짖은 묵객님
기백도 하늘을 찔러 새 역사를 새기네

*필묵도정(筆墨道程): 구봉루 주인 송천(松泉) 정하건(鄭夏建)의 자전대담집

고마운 님

머나 먼 땅 넘나들며 익혀온 말솜씨에
칭찐 칭찐 반겨주는 천사표의 라오슈
목소리 맑고 예뻐서 눈 돌릴 수 없어라

십여 성상 쌓은 내공 종횡 무진 달리며
쉽게 쉽게 풀어주는 그님의 명품 강의
그 열정 한량(限量)이 없어 내 가슴을 달구네

두 바퀴에 몸을 싣고 마후라 휘날리며
목마른 쉐성 위해 구석구석 찾아주니
그 명성 날로 높아져 멀리멀리 퍼지리

*칭찐: 請進
*라오슈: 老師
*쉐성: 學生

크나큰 발자국

하늘의 비밀 캐고 그 삶의 이치 밝혀
한 묶음* 엮어내니 곳곳에서 아우성
장하다 동방의 큰 별 오래오래 빛나리

*김두환의 전자책, 『우주 정책 및 법을 둘러싼 세계적인 논점(Global Issues Surrounding Outer Space Law and Policy)』

송운(松雲)의 『묻어둔 이야기』

간도 땅 넘나들며 싹을 틔운 애국심
6·25 호국영웅 포화 속에 몸 받치고
겪은 일 엮어 놓으니 청사에 빛나리라

화려한 앨범
– 김두환 교수의 전자 사진첩을 보며

넓은 땅이 비좁아 하늘로 솟구치며
사진으로 남겨놓은 발자취도 황홀해
놀랍다 열정과 재주 어느 누가 따르랴

하도 크고 자세해 편하고도 힘들고
온 세상에 뿌려가며 마음껏 자랑하니
부럽다 학지*의 위상 만방에 드높이네

*鶴志, 서울법대 제11회 동문

하리댁이 잘 모시니

사연도 많았거니
팔팔의 산마루에
토해낸 귀한 노래*
한데 묶어 올리거니

쌓인 덕
날로 익어서
세상을 밝혀주네

*상남 성춘복 시백 시전집

합동 책 잔치

떡시루 차려놓고 판을 벌인 책 잔치
책갈피 들춰가며 감성을 일깨우니

즐겁다
문우들 열정
활기가 넘쳐나네

미리 보낸 축하 인사
- 이양자 동인의 수필집 출간에 부쳐

축하 인사^{*} 받고 보니 우리는 출판 동기
뒤늦은 나의 인사 즐겁게 보내거니
언제쯤 배달되려나 이양자 수필집은

*한꺼번에 받아 보는 즐거움이다. (필자 생략) 마음의 양식으로 찬찬히 읽어보아야겠다. 이범찬 선생님, 이양자 선생님 고맙습니다.

상남 시인의 미수잔치

가시덤불 헤집고
꽃밭으로 일궈내며
노래하기 한평생
어느덧 팔팔이라

고마움
잊을 길 없어
차려드린 잔치상

산 사나이
- 이인정 아시아산악연맹 회장의 명예박사 학위* 영득에 부쳐

산이 좋아 한 평생
숱한 사연 남기며
불굴의 산악인
명산 찾아 태극 깃발

장하다
명예 사각모
길이길이 빛나리

계묘년 2월 3일 송암 이범찬

*한국체육대학교의 명예체육학박사

나눔의 전도사

억세게 운이 좋아 다섯 잎 크로버를
그 기쁨 참지 못해 나눠주는 회장님*
고맙네 넘치는 사랑 헤아릴 수 없어라

*문학시대인회의 전임 회장, 이상민

만년 청년 학자

끊임없는 청년 학자
쓴 소리* 거침없어
올곧은 말과 거취
세상을 밝히거니

명륜골 빛내는 거목 더 없는 자랑일세

*2023. 1. 19. 한국경제 31면

축시
- 박영길의 수필집 상재에 부쳐

한맥 글집 텃밭에
심어 놓은 새싹들

먼동이 틀 무렵에
발걸음 서둘거니

황혼의 가을걷이가 부럽기 그지없네

이어령의 고종명(考終命)

구순의 산마루에 미련 없이 떠난 님
구석구석 남긴 흔적 태산같이 쌓였거니
아쉽다 빛나는 지성 뉘라서 메울쏘냐

『노을의 향연』을 드리며

졸수의 봉우리에 힘겹게 올라와서
꽂아두려 골라본 나그네의 이정표
작품들 너무 설익어 내놓기 부끄럽네

새 책 내준 '교음사' 목록' 틈에 끼워주니
애독자 너그럽게 소람으로 보시(布施)하면
이 마음 크게 힘 받아 새 출발 기약하리

*한국현대수필작가 대표자선집

5.
맹백의 언덕길에

망백의 황혼 길에
- 사전연명의료의향서 등록증*을 받고서

나도 싫고 너도 싫은 괴로운 연명 사슬
일찌감치 잘라놓는 긴 여정의 마무리
어차피 흙이 되는 것 마음도 가볍거니

*등록번호 R23-1956337

고마운 약손
- 윤 쌤에게 드리는 노래

힘든 때 스파 들러 아픈 다리 내맡기니
맥을 찾아 눌러서 쌓인 피로 털어내
그 손길 신기도 하여 잊을 수가 없어라

눈을 감으면
 - 심 쌤에게 드리는 노래

고마운 약손으로 구석구석 온몸을
아픈 곳 풀어주고 양말까지 신겨주니
마음씨 더 없이 고와 온갖 시름 날리네

아름다운 무궁화
- 무궁화·참나리연구소를 들러

홑꽃 겹꽃 가지가지 색깔도 화려해
새로운 무궁화 꽃 서양으로 퍼트리니
그 끈기 꽃말을 따라 온 세상을 밝히리

너른 물가 높은 언덕 하늘도 높푸르니
꽃구경 꽃 화분*에 오리 요리 즐기며
즐거운 「호숫가 가든」 잊을 수가 없어라

*성호회 회원들에게 준 선물

무궁화 예찬

연구소*에 태어나 겨우 한 뼘 자랐건만
외롭게 따라나선 귀여운 무궁화야
고맙다 큰 꽃 한 송이 환하게 웃어주니

탐스러운 꽃잎이 매어달린 무궁화
집에 오자 지고 말아 아쉽다 하였거늘
꽃눈이 새로 솟아나 다시 활짝 웃다니

*심경구 교수의 무궁화연구소

그녀의 걸음걸이

청바지 종아리가 쭉 곧아 반듯하고
발걸음 사뿐사뿐 발꿈치 들어가며
그 모습 마음과 같아 예쁘기 그지없네

추억의 메아리

꽂아 놓은 어린 나무 거목으로 자라나
여름철 싱싱하여 그늘을 자랑하나

어쩌랴
걸을 수 없어
바라다만 보자니

모노레일 타고

기차도 아니고 자동차도 아닌 것이
외줄 레일 위에서 자율주행 하거니
골짝을 오르내려도 편하기 그지없네

놀라운 발자취
- 김두환 교수의 회고록 출간을 축하하며

지구촌 구석구석 넘나들은 발걸음
망백의 산마루에 또 한 묶음* 엮어내니
그 열정 놀랍기도 해 부럽기 그지없네

대륙을 횡단하며 우주까지 살폈으니
그 공적 뛰어나서 큰 상**도 받으며
장하다 값진 회고록 동방의 횃불이여

*회고록: 「북미대륙을 승용차로 세 번 횡단한 국제항공우주법학자의 회고록」
**세계공적상: 2020년 인도 캘카타에서 '인도동양유산학회'가 주최하는 '제43회 동양유산국제대회'에서 국제항공우주법 분야의 업적을 기려 수여한 상(Global Achievers Award)

놀라운 열정
- 윤기관 작가의 북 콘서트에 부쳐

강의 듣던 그 제자 어느새 작가 되어
수필집 발간하며 11호*로 올랐거니
장하다 뛰어난 재능 따를 수가 있으랴

수필 공부 하면서 운문까지 욕심내어
시집**까지 엮어서 같은 날에 선보이니
그 열정 놀랍기도 해 부럽기 그지없네

*국제PEN한국본부 창립70주년기념 산문선집 11호 『이분이 그분인가』
**시집: 『마라나타』

태산 같은 흔적들
- 상남 시백의 미수를 축하하며

한평생 가꾼 글밭 가을걷이 오붓해
팔팔에 긁어모아 묶어낸 두 덩어리*
놀랍다 뜨거운 열정 그 누가 따를소냐

그동안 길러낸 작가들 차고 넘쳐
고르고 골라내어 큰 상**을 마련하니
고맙다 베푸는 사랑 온 세상을 밝히리

*詩·선집 1·2
**산림문학관에서 시상한 상남문학상

해암찬가

바닷가 솟구쳐서 거센 너울 막아내며
날아드는 갈매기 시름 잊고 쉬거니
지나는 뱃사람들에 갈 길을 밝혀주네

영락재의 꿈

긁어모은 삶의 흔적 한곳에 차려놓고
찾아드는 길동무 오래오래 즐기거니
오늘도 사랑과 배려 내일을 밝히리라

상을 받으며

글쓰기 십여 성상 영광의 큰 상*을
마음을 가다듬고 달리라는 채찍이라
열정을 쏟아 부으리 이 생명 다하도록

*국제PEN한국본부 창립70주년기념 PEN문학상(수필부문, 2023. 12. 18.
연세대 동문회관 '그랜드볼룸'에서)

문단의 보석
– 오경자 회장을 바라보며

법 배우고 문학 익혀 수필도 가르치며
기억력에 그 말솜씨 문단을 이끌거니
어둠속 샛별이어라 세상을 밝혀주네

새해가 밝았네
- 박종면 지점장에게 드리는 꽃다발

손님에게 친절하고 회사에 충실하여
오랜 세월 쌓은 공덕 결실을 맺었거니
반갑다 새 보금자리 앞날을 밝힐지니

『설죽 따라』 드리며

망백의 오름길에
꽂아두는 이정표
묵은 노래 손질하고
새 노래 모았으니

가볍게 읽어주시면 더 없이 고마우리

부지런한 그 사람
- 김광목 회장에게 드리는 노래

비가 오나 눈이 오나 사연을 띄우며
먼동이 트기 전에 아침을 열어주니
그 열정 자랑스럽네 부럽기도 하여라

소방 영웅
- 순직 소방관 김수광·박수훈을 추모하며

불 속*에 갇힌 사람 구하려는 사명감에
뛰어든 용사들을 큰 불이 덮쳤거니
그 용맹 잊을 길 없어 길이길이 빛내리

*문경시 유류 가공공장의 화재 (2024. 1. 31)

남산 둘레길 산행

푸근한 입춘 날에 모여든 송천 식구
하산 길에 합류하여 『설죽 따라』 나누니
모두 들 반겨주어서 고맙기 그지없네

만인의 연인

장염으로 힘겹지만 기어코 나타나서*
침울했던 친구들 단숨에 활짝 피며
잘 왔다 열광을 하니 연인이 따로 있나

*불편을 감수하고 참여한 유정 총무

만인의 청량제

"이 교수님 재기 발랄" 그 시상 청량제라
추켜 주는 중산님* 마음씨도 따뜻해
잘 한다 북돋아주니 둔재도 우쭐할 판

*송천산악회를 이끌어가는 원로 회장

영광의 혁대

참전 영웅 돋보이는 흰 모자에 흰 제복
영광의 지팡이에 혁대마저 마련하니

새겨진
'제복의 영웅'
장식을 빛내주네

화사한 청매화

폭보사 매화꽃에 '봄이 오는 소리'까지[*]
회장님 시상에도 불 붙여 놓았으니
혹시나 명륜골 식구 화상(火傷)이 걱정되네

*2월 13일 이양자 교수가 보내준 카톡에서

영정 사진 걸어 놓고

얼굴에는 흰 머리 입가에는 웃음 띠고
흰 제복 가슴에는 훈장이 빛나니
용사의 젊은 모습을 영원히 보존하리

참전 영웅 잊지 않고 제모 제복 지팡이
가는 길 안내하라 사진을 앞세우려
고맙네 영광의 배려* 잊을 수가 있으랴

*보훈부에서 모든 참전 용사에게 지급한 제복.

참전 용사의 모습

나라가 만들어준 제복 입은 참전 용사
가슴엔 기장 가득 훈장도 빛나거니
참혹한 전쟁의 흔적 잊을 수가 있으랴

매화 삼 덕

1. 인고의 덕
비바람 몰아치고 얼음이 뒤덮여도
괴로움 참아가며 힘든 철 넘겼거니
믿업다 군자의 기품 거칠 것이 없어라

2. 전령의 덕
추위 속에 긴긴 나날 말없이 기다리다
따듯한 햇볕 받고 생기를 돋워주니
꽃망울 먼저 터트려 봄소식 전해주네

3. 결실의 덕
꽃잎이 휘날리고 푸른 잎 무성하면
열매들 날로 자라 먹 거리 남기거니
군자의 푸근한 마음 살림도 살펴주네

종중 모임

종중 묘역 사무실에 옹기종기 모여앉아
계묘 결산 갑진 기획 꼼꼼히 살피거니
헛 욕심 부리지 않아 웃음꽃 넘쳐나네

갑진년 시산제

갑진년 새봄 맞아 목멱산에 모여서
송천 식구 정성 모아 산신령님 모시니
즐겁고 안전한 산행 보살펴 지켜주소

큰 상의 꿈

상남 덕에 시조 쓰기 어느새 망백이라
영광스런 문학상 꿈인들 못 꾸랴만
범부(凡夫)라 초심 살려서 더더욱 힘써야지

제32회 자랑스러운 서울법대인
- 김두환 회장의 후보 추천에 부쳐

놓고 나와 법대 가자 무애(無碍) 따라 상법을
명륜골 물러나니 석류장 달아주어
고맙다 명예교수로 덤살이* 펼쳤으니

강단 생활 한평생을 책에 묻혀 맞추고
망백의 언덕길에 남은 열정 불태우니
발자국 뚜렷하다며 칭송도 자자하네

*나고야경제대학에서 재직한 10년의 제2모작 인생